Siamo Poesia

in amorem et
in cruciatum

Fabio Serra

Design della copertina: Alisha Shah
Impaginazione: Dawn Blackborn
Editing & revisione testo: Tania Lanzafame

ISBN: 9798353384731

Se credo di poterlo fare, acquisirò certamente la capacità di farlo anche se all'inizio potrei non averla.

- **Mahatma Gandhi.**

Capitoli

Introduzione

Tutti noi abbiamo sperimentato la sofferenza e l'amore a un certo punto della nostra vita. Potremmo non ricordare sempre quando è successo, ma non dimenticheremo mai le emozioni che hanno accompagnato questi momenti. Sperimentare entrambi fa parte della vita...

Sono due lati della stessa medaglia.

Ognuno ha la propria idea di cosa sia la sofferenza, e non posso dire con certezza se la mia corrisponda a quella di qualcun altro. Ci sono, però, molti modi di affrontare il dolore durante la vita, e a volte non si sa nemmeno perché si stiano attraversando tali difficoltà. Quello che so è che il più delle volte ci si sente come intrappolati in una stanza buia senza finestre o porte, da soli, e quello che si prova a fare è cercare di trovare l'unica fonte di luce presente. Ci sono momenti in cui sembra che nessuno possa aiutarti, che non ci sia niente a cui aggrapparsi per sollevarsi verso la luce. Tuttavia, non dev'essere sempre così cupo e buio intorno a noi.

Anche se la maggior parte delle nostre esperienze includerà una certa quantità di dolore al suo interno, se ci sforziamo abbastanza, potremmo trovare sempre un po' di luce che brilla.

Ed è qui che entra in gioco l'amore, perché anche se tutte le persone soffrono, in un modo o nell'altro, è anche vero che è possibile trovare conforto e felicità l'un l'altro. In un certo senso, possiamo vedere l'amore come una fonte di bagliore di speranza, presente tanto quanto la sofferenza.

"Dare amore per ricevere amore".

Tutto quello che dobbiamo fare è aprire gli occhi...

Potrebbe sembrare un'argomentazione ovvia, ma vorrei che consideraste la possibilità di trovare un po' più di spensieratezza nella vostra vita guardando tutto con occhi diversi. Non solo questo porterà a nuove prospettive, ma significa anche aprirsi verso nuove possibilità che possono fare la differenza tra il rimanere bloccati o andare avanti attraverso qualsiasi difficoltà... e un po' di serenità rende tutto più sopportabile.

Solo aprendo il cuore si può vedere l'amore.

Solo accettando la sofferenza si può amare.

Pertanto, se dovessi riassumere la vita in due parole direi: "Amore e Sofferenza". Tutto il resto è solamente contorno, è solo un insieme di parole, ma sono proprio questi due concetti a guidarci inesorabilmente attraverso ogni momento della nostra esistenza, ricordandoci costantemente che siamo vivi.

La sofferenza può persino diventare un'amica che ti insegna a diventare più forte.

L'amore fa la differenza nella tua vita quando è più necessario.

Possiamo pensare che l'uno sia il contrario dell'altra, ma non è vero. Se impariamo ad accettare le nostre sofferenze con un cuore aperto, allora forse riusciremo a trarne degli insegnamenti che ci aiuteranno a crescere, rendendoci più forti ogni giorno fino a quando diventeremo la versione migliore di noi stessi.

Sia tu che io amiamo e soffriamo. E questo è esattamente ciò che troverai in questo libro, nella forma di un diario, perché è in queste pagine che ho aperto il mio cuore e la mia anima. È qui che emerge il mio amore per la vita.

Siamo Poesia, *il titolo di questa raccolta di versi, è un chiaro riferimento al fatto che tutti noi siamo Poesia, tutti i nostri sentimenti sono Poesia. La nostra stessa vita è una Poesia. Ci meravigliamo, amiamo, soffriamo, moriamo, rinasciamo, ci meravigliamo un'altra volta, amiamo e soffriamo ancora.*

Chiunque, la notte, cerca un po' di Poesia nel suo cuore.

Le poesie contenute in queste pagine rappresentano i miei pensieri e i miei sentimenti sulla vita, l'affetto e il tormento... Sono nate dalle mie esperienze di sofferenza, attraverso le quali ho imparato che la felicità deve essere cercata accogliendo le avversità.

L'amore è lo strumento più potente che abbiamo per contenere la sofferenza.

Buona lettura…

Amare

Il viaggio più bello che abbia mai fatto
partiva da un verso di una poesia
e arrivava a te.

Ma se non fosse stato
per l'ardere delle nostre lingue,
non ci saremmo mai parlati.

Pertanto, tu
disegnami il cielo e le stelle,
sopra ci scriverò il nostro futuro.

Questa sera sono venuto fin quassù
solo per godermi la pace di un tramonto.
Ma,
se solo avessi saputo
che avresti incrociato il mio cammino,
sarei partito all'alba
e ti avrei aspettato
tutto il giorno.

Non cerco l'aria,
anche se mi manca
quando sei vicina.
Non cerco le parole
se le stringi tra i denti,
non cerco un conforto
nei tuoi gesti.
Cerco nel tuo sguardo
pace e silenzio,
come acqua nel deserto,
cerco nel tuo sguardo
la profonda poesia
che ti vive dentro.

A caso, centinaia di pensieri,
vagavano per la mente
a tempo di un cuor
che batteva all'impazzata.

Vorrei essere,
tra le tue braccia
che mi cercano.
Vorrei essere,
tra le nostre anime
che si baciano.
Vorrei,
per separarti dal male,
essere il bene,
il calore,
nelle tue giornate di dicembre.
Vorrei,
essere il foglio,
che conserva questi versi
per sempre.

Vengo a trovarti,
danziamo in cielo
poco più in alto delle stelle.

Ti guardo, ti cerco, ti tengo!

Stretta sul mio petto
fino a domani,
quando sarò
solo nebbia sull'asfalto.
E me ne andrò piano
con il sorgere del sole,
e mi scorderai piano,
come un bel sogno
con il passare delle ore.

Niente mi dà più equilibrio
del perdermi
e dissolvermi in quegli occhi,
laddove tu,
intenta a scrollare la testa
a destra e a sinistra,
aspiri a celarmi
coraggiose labbra rossastre
che, a irresistibili intervalli,
si allentano e si accostano,
ostentando una pennellata di bianco candido
su di un sorriso
che eserciti al posto delle virgole,
accanto alle centinaia di parole colorate
appositamente sfornate per me,
consentendomi un tuffo
tra le tue sfumature.

E io ti ascolto,
e benedico in silenzio
la gentilezza
con cui mi porgi il tuo cuore.

Tra il brusio della folla
ci siamo noi,
silenziosi ma vivaci
ingenui e genuini,
sotto la pioggia
ma al riparo chiusi,
dentro lo scatto
di una Polaroid.

Al sognatore una stella,
una notte ancor veglia,
un Ti amo giù in riva
e un'indelebile china.

Non mi confonderai vero?

Tra gli imprudenti
che promettono il per sempre.
Io sono qui,
adesso, oggi.
Io sto nel bacio
dolce e ignaro
d'esser l'ultimo,
fugace momento
tra passione e sentimento.
Io sto nell'attimo,
ansimo nel tuo caldo animo,
io sto nell'attimo,
l'attimo in cui
già ti manco.

Pati

Tu che baci con quella lingua di seta
il mio inferno,
io che stringo forte tra le mie mani
la tua innocenza.

La sofferenza è come una porta,
protetti quando è chiusa
salvi quando è aperta.

Ci sono parole
che mai prenderanno vita.
Tu le cerchi,
in ogni riga
tinta d'amore e d'inchiostro.
Io le cerco,
in due occhi grandi
colmi di silenzio.

A te che piace raccontare le storie
dai finali malinconici.
Ti prego,
parlami ancora di noi.

Un forte abbraccio, o forse,
un bacio caldo.
Un brivido che mi pervade,
proveniente dalla tua voce calma
o forse, la sicurezza,
che mi porta a stringerti la mano.
Ricerco un solo gesto,
un solo momento,
che possa dare un senso
a questa mia cupa giornata.

Nessuno si accorge del dolore
di chi è così bravo a nasconderlo.

La conoscenza di un giorno spoglio,
coscienza di una notte gelida.

Aveva gli occhi della speranza,
fortunato ero io
a potermici specchiare.

Navigammo in mari sconfinati,
alla ricerca
di estesi e incompresi amori.

Lasciammo ai figli nostri
desideri incompiuti,
giorni bianchi
non ancora vissuti.

Scrivemmo le più belle parole,
incuranti
di quanto potessero far male,
ora che ti ho perso e
non riesco a dimenticarle.

Tre passi, un ponte.

Nel mio dolce addentrarsi
un amaro addensarsi.
Si accavallano onde,
i primi tre pensieri sono le sue ombre.

Tre passi, un ponte.

Accennò un sorriso
più simile a un addio,
offuscò i miei sensi
le mie gambe inermi.

Tre passi, un ponte.

Sotto conservo un cuore,
sopra ci scrivo il suo nome.

Sento la pioggia,
mi bagno.
La cerco,
spoglio,
e piango
libero.

Come se la vastità del mare
potesse colmare la tua mancanza.
Come se il morbido bisbiglio delle onde
potesse echeggiare la tua voce.
Come se la luce di ogni raggio di sole
potesse mostrarmi i tuoi occhi all'orizzonte.

Come se questa notte,
il vento non si portasse via
l'ennesima poesia che ho scritto per te.

E mi piacerebbe sapere
dove hai nascosto i cocci del mio cuore,
cosa ne hai fatto del mio amore.

Mi sarei lanciato tra le tue braccia
se non fossero così dannatamente

instabili.

Come quelle piogge inaspettate.
Gelide,
intense,
dirette,
inaspettate!

Hai perso così tanto tempo,
così tante energie,
così tanta felicità!
Aspettando qualcosa,
o qualcuno
che non sarebbe mai arrivato.

E cosa vuoi che me ne faccia,
di tutto questo tempo,
se non posso dedicartene
neanche una minima parte.

E cosa vuoi che me ne faccia,
di queste due gambe,
se anche percorrendo tutto il mondo
non riuscirei a trovarti.

E cosa vuoi che me ne faccia,
di tutta questa libertà,
se non posso sentire
il tuo fervido respiro
aggrovigliato al mio collo.

E cosa vuoi che me ne faccia,
della vista del cielo,
se non ti trovo
tra le stelle.

Nostalgia tu,
nostalgia noi,
nostalgia si posò...

tra il mio futuro
e il mio passato.

Anch'io volevo essere arte,
anch'io volevo essere guardato
come guardavo te.

Mori

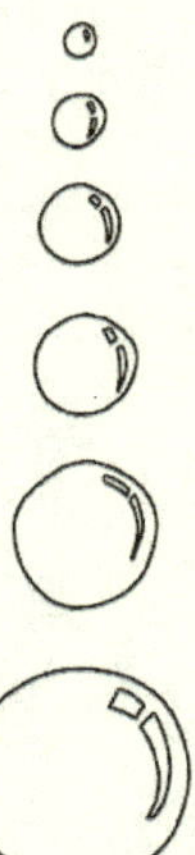

Gocce sotto pelle esile,
così salate
da bruciare.

Doleva.

Ti temo.

Sopraggiungi e mi rattristi,
ti temo.
Lei non sa curarsene,
degli occhi,
con cui vorrei che mi parlasse.
Posa il mio cuore,
sulla riva le onde
se lo porteranno lontano.

Ho paura, sei vicina.

Granelli di sabbia
pesano di fronte a me,
calano dolci lacrime,
soffia un rigido silenzio.
Bastò un pensiero da dedicarti,
per conoscere
la più bella delle compagnie.
Poi ancora tu,
il mio corpo accanto,
a permetterti di farne
la più triste delle solitudini.

Io sarò abbastanza,
dicevo.
Io sarò abbastanza,
ripetevo.

Potevi essere te stessa…
però hai scelto di essere gli altri.

Come potrei amarti ancora?

La mia paura più grande
è stare fermo
ad aspettarti.

Fermo la mano
e poso la penna,
sulla carta macchiata
di una poesia insospesa.

Solo il tempo
ti conosce a fondo;

e la mia ricerca sull'essere
non trova casa,
non trova pace,
e fa male
come quella di Dio.
Lasciami disperare,
mentre condanno un altro giorno
in una tarda notte
che non sa rispondere.

Col suo fare condiscendente,
lasciò al mio amore
l'arduo compito
di ricucirle le ferite.

Alle mie labbra, invece,
fu dato il privilegio
di far emergere la sua intimità.

Chiedo a Dio
la forza per rialzarci,
o per stare ancora a terra,
se è questo che meritiamo.

Chiedo a Dio
se per ogni anima al buio,
ci sia ancora
un cuore che può brillare.

Chiedo a Dio
se ho il diritto
di ricevere un sorriso,
o se la compassione ha un prezzo
che non posso permettermi.

Chiedo a Dio
se posso essere giudice
di questa vita mia,
o se sarà
questa vita mia,
giudice del mio essere.

L'indifferenza alle ingiustizie
ci rende complici.

Tra un caffè e una sigaretta
l'ora più buia mi aspetta.
Il silenzio non rassicura più,
e siamo miglia lontani
da ogni goccia versata.

Ti sei mostrata come un'amica,
pian piano ti sei infiltrata nella mia vita.
Volevi condurre tu,
come se io non ne fossi capace.
Ti facevi sempre più falsa!
Con passi duri e scarpe alte calpestavi i fiori
che negli anni avevo seminato con cura.
Con mani sporche negasti l'acqua alle mie piante,
lasciando solo frutti marci.
Volevi farmi credere che il mondo fosse nero
e che saremmo stati al riparo
chiusi in una scatola sotto una pioggia di fango.

Quanto tempo è passato?
Quante lacrime ho versato?
Quanti abbracci bugiardi mi hanno stretto lontano?
Quante volte son stato vittima del tuo sguardo villano?

E tutto questo solo
per starti accanto.

Dalla tua bocca affiorano
parole inaccessibili,
come secondi impercettibili
mi sfiorano,
si voltano e sfumano.

Sospiri di fumo.

Quanto sconforto mi porta
il tuo ricordo...
da labbra rosse
sbocciavano parole di fiducia,
frutto di una dolce,
delicata bugia.

Sei entrata nella mia vita,
mostrando le tue più svariate sfumature.
Ma quando,
dentro me scese una fitta pioggia,
ti cercavo,
e tu non c'eri.

Si bagna le dita
su dell'acqua in cui ha pregato.
Poi mi fa bere,
sposta le dita sul mio collo
e ci disegna una croce.

Ognuno di noi,
porta con sé un paio d'ali.
Alcuni, tuttavia,
restano a terra
alla ricerca delle briciole.
Altri, invece,
volano in alto

verso la libertà.

Che tristezza!
Avere un'anima
e guardare solo con gli occhi.

L’innocuità della nascita,
la grazia della morte.

Noi, in disparte,
a galleggiare sul mondo
come palloncini all’aria.

Non mi conosco.
In fondo dimmi,
chi si conosce a fondo?
Introspezione è cura;

oggi è già passato.

Il futuro mi è
come nebbia in lontananza,
e al mio raggiungerlo
è già presente.

Introspezione è tempo,
duro lavoro,
forse il più impegnativo.
Lacrime, sangue,
gocce di consapevolezza.
Poi ancora lacrime,
sangue e sofferenza.

Infine un cuore,
il mio cuore.

Questa penna scrive di me;
di questo mio impercettibile stato di equilibrio,
fino e tenue filo esistenziale
ove oso posar le mie radici.

Vivere, essere,
forse in un attimo
morire,
tuttavia essere
anche per un solo istante.

Infine un cuore,
il mio cuore.

A chi sa ascoltare per ore
e a chi non viene mai ascoltato,
scrivo semplici parole,
sperando possano arrivare
alle loro semplici anime.

A chi conosce l'umiltà
e la bellezza delle piccolezze,
a chi ha sogni grandi
ed il coraggio di inseguirli,
dedico semplici gesti,
sperando possano arrivare
ai loro semplici cuori.

A chi si esprime nella natura,
a chi si riflette sull'acqua del mare
e a chi sa apprezzare,
regalo semplici momenti
sperando possano rimanere
puri per sempre,
come il sole che s'innalza al mattino,
per dare ancora luce
alle nostre semplici vite.

Surgere ad infinitum

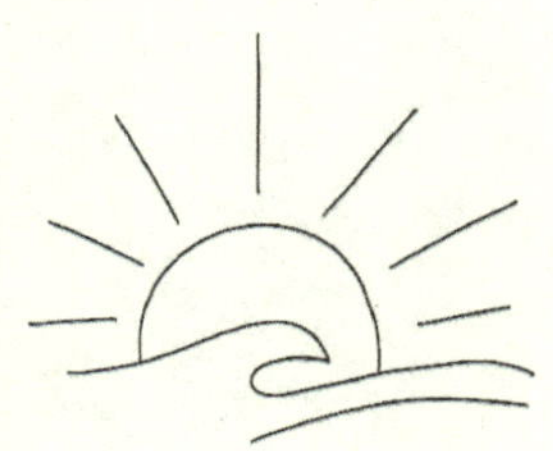

Lo scorrere lento di ogni istante
lontano dal proprio benessere
è sabbia che scivola via,
un vento che lascia amare delusioni.

Lo scorrere svelto di ogni istante
immerso nella propria felicità
crea la visione
di una vita vissuta a pieno.

Tutte le tue lacrime
non sono andate perse,
non con me!

Io me le sono portate dentro.

Ora siediti qui vicino
e guarda che bel tramonto
emerge sopra il tuo oceano.

Fai in modo che la tua vita
sia splendida anche quando cadi,
con delicatezza poggiati al suolo
come le foglie d'autunno.

Poi abbeverati del sapere
e rinasci ogni volta,
come le prime foglie primaverili.

Stringersi con voce flebile…

sciogliersi tra mani
come fiocchi di neve.

Ricordati che,
ogni qualvolta sarai triste
io ti donerò parole di conforto.

- E se non dovesse bastare?

Allora ti regalerò un sorriso.

Per quanto tema le spine,
non smetterò mai di porgerti rose.

Non dare importanza, se puoi,
non dare neanche ascolto, se vuoi,
a quei maledetti pensieri,
mentono.
Parlano di tempo consumato,
dedicato
a chi non ha trovato il tempo
di apprezzarlo.
Vorresti farti credere
che è già abbastanza,
intenta ad unire
fantasia e realtà;
ma la speranza ha due facce
ed è sempre l'attesa la parte più bella.
Vorresti farti credere
che è già abbastanza,
ma sei come i girasoli:

punti gli occhi al cielo
senza mai perdere di vista
il tuo raggio di sole.

Le prime luci del mattino,
mi ricordano che ti ho perso.
Le ore sono impavidi nemici,
e mi trovo costretto,
ad aspettare la pace.
Al calar del buio,
una tiepida atmosfera
risveglia la mia esistenza.
Le stelle mi osservano,
chiudo gli occhi.
Esprimo sempre lo stesso desiderio:
di averti ancora,
in un altro sogno.

Oro
sono i secondi
che ancora scorrono.

Alla mia morte
non voglio che ti ammali, tu
madre e casa della mia anima.
Dovrai lottare con la tristezza, i pianti,
la frustrazione e la disperazione,
ma so che puoi farcela.
Io sono un esploratore del mondo,
della terra,
delle meraviglie che si celano all'interno.

Tu continua a proteggermi.

Pare che l'Universo sia infinito
e personalmente,
quanto mi è concesso sapere
si riduce a un groviglio di emozioni.

Quindi consolati quando sarò lassù,
tra le altre stelle
a illuminare il tuo cielo nero.
Sarò felice lì,
con la stessa determinazione
e i medesimi ideali.
Sei tu che mi hai cresciuto a questo modo.
Perciò aspettami,
poiché verrò a trovarti ogni anno,
nella più bella notte di mezza estate!

Un abbraccio a chi è triste,
una mano a chi è caduto,
un sorriso a chi sta piangendo,
una compagnia a chi è solo.
Una candela a chi è al buio,
il coraggio a chi ha paura,
la coscienza ad un pensiero
e la speranza ad ogni vita.

Non è forse leggerezza questa?

Rugiada mattina
bagna l'erba e le mie labbra;
ecco sorgere il sole.

Non avrei mai immaginato
che stringendo la tua mano,
avrei trovato
le risposte che cercavo.

Non avrei mai immaginato
che stringendo la tua mano,
sarei scappato dal passato.

Ma,
stringendo la tua mano,
non avrei mai immaginato
potesse esistere un giorno,
in cui non potessi farlo.

Perdonami se mi manchi;
l'amore batte forte sul mio petto.
Tornerò a stringerti la mano,
torneremo a camminare fianco a fianco.

Ma tu,
tu stringimi più forte,
ogni qualvolta sarò lontano.

In due scarpe vecchie,
seguite da passi lenti,
d'una mattina
che indugiava ad albeggiare.

Fuggivo.

Tra l'azzurro del cielo
e le foglie più verdi,
un pettirosso canta.

Chiederò alle stelle dove sei
ogni notte che passerò solo.
Chiederò alle stelle dov'è il tuo cuore
ogni volta che incrocerò il tuo sguardo.

Ma non cercherò risposte.

Amerò la pace dei nostri silenzi
e accetterò ogni forma di solitudine,
affinché tu
possa sentirti a tuo agio tra i miei pensieri.
Frugherò tra i ricordi,
ma li lascerò intatti.
Continuerò a contemplare il cielo,
a respirare il profumo dei fiori,
continuerò ad ascoltare
il mare da una conchiglia.

Scriverò di te,
ma lo farò per me.

Poiché l'amore sta in ogni passo,
in qualunque distanza
e in ogni forma d'arte.
E allora io ti aspetterò,
sì, io ti aspetterò,
in qualsiasi futuro
tu,
vorrai essere il mio presente.

A volte ci si sente inadatti…

- A cosa?
A ricucire i cuori infranti.

Ho ancora quel giorno
impresso nella mente.
Mi chiedesti cos'è la paura.
Mi chiedesti perché la luna fosse così lontana.
Mi chiedesti come mai
questa stanza fosse così stretta,
e come mai tra di noi
potesse crearsi una distanza così spessa.

Mi chiedesti del mare e delle onde,
dell'odio e dell'amore.
Mi chiedesti quando ci si perde
e come ci si ritrova.
Mi chiedesti che fine fanno i sogni,
mi chiedesti dei nostri sogni,
su di una tela sospesi,
persi tra le nuvole.

Mi chiedesti della speranza.
Mi chiedesti qualunque cosa quel giorno
e il tutto senza aprire bocca,
quel giorno.

Poi però fu il mio turno
e ti strinsi forte,
forte da farti male!
Poggiai le labbra sulla tua fronte
e ti sussurrai...

"Io sono qui per te".

Hai trovato il coraggio di scrivere
ciò che entra ed esce da questa finestra.
L'avresti mai detto?

Esse animam

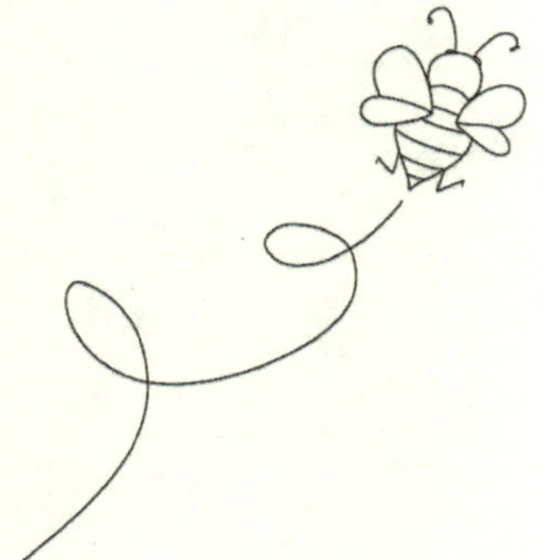

Fioriscono ad ogni brezza,
il gelsomino e il tulipano.
D'un fruscio cullato,
dolcemente,
ne accarezza i fili d'erba.
Fioriscono con gentilezza,
narcisi e ciliegi,
violette e margherite.
Fiorisce l'umiltà,
la tenerezza e la modestia;
fiorisce bella l'innocenza.
Fioriscono nuovi raggi di sole
all'unisono di nuove ore.
Fiorisce amor,
e su parole posa,
fiorisce azzurro questo mare,
sotto il fascino
d'un tramonto rosa,
fiorisce tra due cuori,
anche la mia rosa.

Che poi per me,
la semplicità rimane
una pizza sulla spiaggia,
i piedi nudi tra i campi,
le spighe di grano
a contatto con le mani,
un'appartata passeggiata,
e la timidezza,
prima di un bacio sulle labbra.

Il tuo viso rosso
al tramonto
schiarisce
tra le mie labbra.

Dove gli altri vedono il buio, l'ignoto.
Io vedo la luce, le opportunità,
il sogno.

La TV sghignazza,
la macchina tossisce,
il bar illude.

Il bosco, invece,
di ascoltare un libro attende.

Nel disordine
della cosiddetta normalità.
Dove la mia libertà prende forma.

Non sminuire,
non svalutare,
non trascurare e non minimizzare

il tuo tempo.

Siamo come mulini,
fermi ad aspettare
la più forte delle correnti.

Stelle che brillano
come mani allo sfiorarsi,
corpi possiedono,
il tempo fermo
di mezze notti,
sotto lune
chiare e fiorenti,
ove traspaiono
carezze che ci avvolgono.
Invischiati in amore e sofferenza
in un istante, percepisco eternità.
Liberi siamo,
liberi per un secondo,
per poco più
o per poco meno,
per poco importa
se già mi basta.

Emergi e luccichi come le stelle,
in un lampo oltrepassi il cielo
e in un lampo sei dentro me,
in un lampo mi appartieni
e in un lampo scompari,
in un lampo, come le stelle,
riappari al centro dell'Universo
ed io
ti seguirò.
Un'emozione,
vaga senza meta e senza tempo,
ma un'emozione,
è tutto il tempo che ho chiesto.

La pioggia ci insegna che,
dopo ogni tempesta di lacrime,
ci sarà spazio
per un arcobaleno di sorrisi.

E adesso una giornata grigia
non è nient'altro,
che una tessera della mia vita a colori.

Piroette dorate
attorno a petali bianchi.
Spettacolo d'api e margherite.

Come dissetarsi tra i ruscelli,
assaporare
il suono magico degli uccelli.

Eri così gentile
in quei giardini di maggio.
Ho provato a disegnarti,
ma non ci sono riuscito.
Allora ho provato a scriverti
una poesia,
una lettera,
una frase!
Niente da fare…
neanche una parola uscì dalla mia penna.
Sembrerebbe che tu abbia lasciato
il nostro Amore in quei giardini,
ancora bulbo di un fiore troppo bello.

Stare fermo a guardare sorgere il sole
mi dà la giusta carica per affrontare il mondo.
La pace, il silenzio,
l'aggrovigliarsi del blu con l'arancio.
Sembrano così lontani
eppure,
mi accarezzano il cuore.
Sfoggio un sorriso,
il primo della giornata.
Metto in ordine gli ultimi pensieri
e parto anche quest'oggi

alla ricerca della felicità.

Gli alberi di fronte
coprono la mano dell'uomo.
Mi tengono al riparo,
mi cullano,
sono un bambino
tra le braccia della natura.
Il vento apre le danze
ma non tutte le foglie ballano,
alcune si limitano a osservare.
Giusto un palmo più in alto
un quadro turchese si lega a noi.

È festa questa sera,
si celebra l'armonia.

Rimasi immobile.

Conobbi la forza di un legame
che non si può spezzare,
conobbi la pace,

quella pace

che si può avvertire
nel poter stare insieme per sempre.

Iterum amare

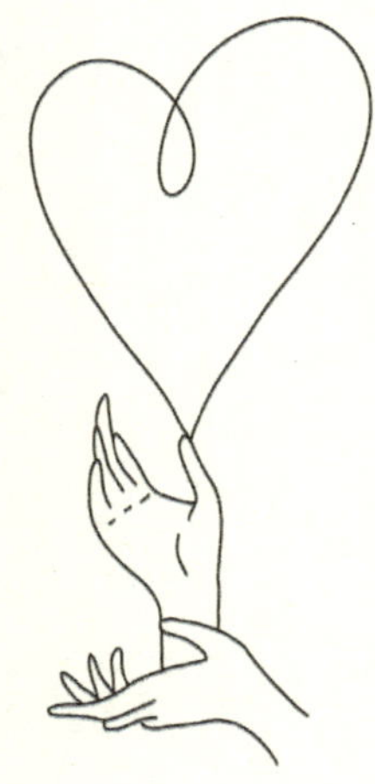

Ora ci siamo,
ci siamo per davvero.

Sotto una coperta,
appagati da piccoli gesti
mai siamo stati
così vicini,
mai così liberi,
dal ricercare altrove.
Ci bagnano i ricordi,
risvegliano sorrisi.
Passiamo per le passeggiate
mano nella mano,
passiamo per le liti
che tutt'ora ci accompagnano;
se solo sapessi esprimere
quanto ci rafforzano.

Passiamo per i campi,
spogli questa volta,
tra la nebbia ormai dissolta
e tu, che ancora inciampi
sui miei vecchi errori.
Passiamo per la calma
d'un silenzio all'alba,
per le più spontanee risate,
per i colori,
per il bianco e il rosso
del nostro vino preferito.

Passiamo per ore,
per giorni,
per anni
che ancora sentiamo nostri.
Passiamo per la solitudine,
necessariamente al buio,
coscienti entrambi
di ciò che guida i nostri passi.
Passiamo poi per ogni lacrima:
insostituibile decorazione
di casa nostra.
Passiamo per la porta
del destino,
dapprincipio decisi
di non varcarla.

Passiamo infine per l'oceano,
è lì che viviamo,
è da lì che emergiamo,
dalle acque limpide
dei tuoi occhi!
Ora sì che ti vedo,
ti vedo per davvero,
distanti un respiro soltanto
da un altro bacio rubato.

Ho visto l'amore
sotto tante forme.

L'ho visto sin dalla culla,
spalancando gli occhi
di fronte a una giovane donna.
Era di me, che si prendeva cura.

Oggi ancora
è la mia àncora,
in ogni mare,
per ogni rotta.
Nessun siede
al mio posto in tavola,
e resta in ordine anche la mia stanza,
non so come,
ma questo amore
ora colma la distanza.

L'ho visto nel duro lavoro:
quello di un padre,
senza abbracci e parole
l'amore, lì,
si manifesta con il sudore.

L'ho visto la sera arrivare,
sostanza inafferrabile,
in un soffio
l'ho visto sfumare,
per poi tornare
a uscire dalla mia bocca,
tra le frasi impacciate così piene di te.

L'ho visto pesare,
su una bilancia posato
soltanto sul mio braccio.
L'ho cercato solo e al buio,
è lì che ho capito
quanto si può scavare a fondo
per trovare l'amor proprio.

L'ho visto in uno sguardo,
l'ho visto guardarti dentro,
l'ho visto in un sorriso
con le lacrime che scendono.
L'ho visto in ogni forma di vita,
in ogni pagina scritta,
nelle strade e nei gesti di chi le affolla.

Io l'ho visto per davvero,
io, da quaggiù,
ho visto l'Universo.

Alla ricerca
di piccole impronte di felicità,
punto gli occhi al cielo.
Il profumo del vento intorno
e un sorriso addosso,
sulle spighe di grano,
libero,
mi abbandono.

Sono io stesso
affidandomi a te,
a portarmi consiglio.
Così soffusa,
oggi,
la nostra distanza
è meno vasta.

Promettimi che,
ti accetterai per quella che sei.
A conoscerne
di persone come te,
ne sarei felice;
ma a pensarti come l'unica
crea unicità fra noi,
ed è quasi magia.

Sai, io non so bene
quando si diventa amici;
forse, in quei momenti
che si insediano
in fondo ai nostri cuori,
contemporaneamente legandoci all'istante.

Sei bella così, sei bella.
Quando crolli,
quando l'Universo ti si riversa contro,
e tu di petto butti fuori tutte le lacrime
assopite troppo a lungo
dentro te.

Sei bella così, sei bella.
A ridere per ore e ore
di disgrazie e disavventure.
Sai che, tuttavia,
in quell'istante
qualsiasi problema
scivola via.

Sei bella così, sei bella.
Ti sei presa cura di me,
e se potessi,
ti lascerei tutte le stelle della notte
a illuminarti il cammino.

Sei bella così, sei bella.
Hai una luce speciale,
che filtra attraverso due occhi blu,
e che in un attimo,
sembra cancellare il dolore passato.

Promettimi quindi,
che lascerai a te stessa,
sogni da inseguire e felicità da abbracciare,
ma più di qualunque cosa,
lascerai a te stessa
il sacrosanto diritto di amarsi.

Lettera a un'amica...

Tu sei luce,
tu sei luce nei miei giorni bui.

E ti avrò pure fatto perdere un tramonto,
ma in quel momento la vista era più bella
con gli occhi chiusi
immersi nei mille sapori di un bacio.

Scompigliata dal sonno,
stropicciata dal vento
e accarezzata dal sole.
È marzo
e lei brilla.

Dolce amore di madre,
ricco e dorato
come un barattolo di miele.

Sospiri.

Dolci profumi
inebriavano le menti.

Sopra un letto di spine
due scure figure
s'incastravano,
si ispiravano,
alla perfezione.

Mi mancano le parole che non ti ho mai detto.

Il fuoco che ardeva,
adesso è cenere.
Mi manchi ora,
mi manchi ancora,
mi manchi sempre.

Risorgeremo dai sorrisi
ancora una volta.

Alza lo sguardo!
Quest'oggi il mondo
è chiaro e sereno
e ti accarezza dolcemente.
Dovresti vivere così…
con la pace e la certezza
di avere sempre un po' d'amore
destinato a te.

Somnia poetica

Quando ferma il tempo
e risveglia emozioni e sentimenti,
come per magia,
sfila l'inchiostro su carta,
fino a trovare
un sorriso o le lacrime
di chi non ha nulla.
Come un patto
tra scrittore e lettore,
una stretta di mano,
che unisce il nero al bianco.
Perché la poesia è così:
mette le ali ai nostri cuori
per portarli lassù,
dove è azzurro per sempre.

Ogni mattina,
mi alzo dal letto
e preparo lo zaino.
Dentro ci metto
un po' d'acqua,
del pane,
tutta la pazienza,
tutta la perseveranza,
e tutta l'autostima
che mamma mi ha dato.
Poi chiedo al mondo
un pizzico di follia
o forse più.
Mai dimentico,
prima di uscire,
una manciata di sorrisi
e qualche candela profumata,
tantomeno
un buon libro
e il mio diario.
Chiudo la porta!

Riprendo a camminare
verso il mio sogno.

Morari

Impara a fermarti,
impara a stringermi la mano,
impara a vederci lontano.
Impara anche
ad aspettare un mio bacio.

Impara da un colle, dal sole,
siedi in cima, osserva il tramonto.

Osserva il cielo, il mare, le onde,
l'aria
sfiorarti la pelle.
Osserva la luce
addentrarsi nei tuoi occhi,
osserva col cuore,
osserva con gli occhi!

Impara a non forzare un amore:
il mio amore.
Impara a non trascurare l'amore,
il tuo amore.

Osserva l'attesa,
impara
dall'attesa stessa.
Osserva questo momento,
osserva e impara
a farne il nostro momento.

Dove anche l'ultimo imperfetto pensiero
diviene un silenzio perfetto.

Sommario

Spesso la ricchezza si nasconde
nella nostra libertà.

Spesso la nostra libertà si nasconde
nel nostro essere.

Spesso il nostro essere si nasconde
nella pace dell'anima.

Spesso la pace dell'anima si nasconde
in una sola parola

Grazie

A te per aver letto questa raccolta di poesie. Le parole e le frasi contenute in queste pagine sono state scritte per portare conforto e ispirazione a coloro che ne hanno più bisogno. Spero vi possano essere d'aiuto nel vostro viaggio, come stanno aiutando me nel mio.

Tutti noi abbiamo bisogno di sostegno in qualche modo, per superare le nostre sofferenze e, a volte, la semplice libertà di un verso può farci superare la giornata.

Grazie per essere arrivato fin qui, per avermi dato questa opportunità. Apprezzo veramente il tempo (il tuo fondamentale tempo) che hai sottratto alle tue priorità per leggere un pezzo della mia vita.

Nel corso di questo viaggio spero che, attraverso le mie parole, tu ti sia guardato dentro e forse, magari, insieme siamo riusciti a essere più consapevoli delle nostre emozioni, o perlomeno a riconoscerle.

Può darsi che un verso ti abbia permesso di catapultarti con il ricordo a un amore nato nella sofferenza, oppure ti ha riportato in mente quanto hai sofferto per amore.

Magari una frase o una singola parola ti hanno ricordato di spendere più tempo a contatto con la natura o con te stesso.

Esperienze, mancanze, desideri o semplici pensieri!

Ed ecco qua, ti ho affidato i miei pensieri attraverso il mio diario, un posto dove non si trovano risposte, non si cerca di capire né di essere capiti, ma si ritrova un po' di compagnia se il bisogno chiama e adesso anche tu potrai usufruirne ogni volta che vorrai.

Mi piace pensare che userai questa raccolta per farti ispirare, per riflettere o ancora per vivere delle emozioni nuove o riviverne altre già conosciute.

La vita è un bellissimo viaggio e le emozioni sono ciò che lo rendono degno di essere vissuto. Quando ti capita di essere proprio nel bel mezzo di un'emozione, vivila con tutto te stesso, bella o brutta che sia, non te ne pentirai!

Biografia

Fabio Serra, 26 anni, nasce in un piccolo paese della provincia di Cagliari, in Sardegna, dove vive immerso tra la montagna e il mare. Crescendo, nutre una forte necessità:
viaggiare per il mondo!

Un giorno, decide di lasciarsi tutto alle spalle e iniziare una nuova vita: la tappa prescelta è il Regno Unito. Il suo viaggio dura tre anni ed è pieno di avventure!

Ciò nonostante, le avventure, con il tempo, si trasformano in disagio e confusione quando si ritrova ad affrontare la quotidianità di un lavoro che non fa per lui. La monotonia della routine, divenuta ormai una trappola, riesce a creare una tristezza capace di spazzare via il vecchio buonumore. Durante la recente pandemia, passando molto più tempo in casa come tutti noi, è riuscito a ritrovare il tempo per se stesso, facendo i conti con la realtà e rendendosi conto che forse, in fondo, qualcosa non andava. Ed è proprio in questo momento di raccoglimento che scopre la meditazione e assapora la serenità e la

pace che solo le pagine di un libro sanno dare. In particolare, Fabio cambia quando tra le mani si ritrova una poesia della celebre e nota Emily Dickinson:
"Vederla è un dipinto".

Da quel momento si insedia un rapporto speciale tra lui e quest'arte che giorno dopo giorno si fa sempre più solido e stretto. Adesso vive la sua vita alla costante ricerca di nuove esperienze, nuove avventure, nuove emozioni che si possano trascrivere in poesia. Pensa sia fondamentale che tutti si riavvicinino a quest'arte, dal momento che è ormai quasi dimenticata.

Fabio sta sempre lavorando a nuovi progetti sulla sua pagina Instagram "PrinceofPoetry", sperando di poter raggiungere, un giorno, quante più persone possibile:

"Finché la poesia sarà viva in ognuno di noi."

www.ingramcontent.com/pod-product-compliance
Lightning Source LLC
LaVergne TN
LVHW090939150826
845672LV00006B/1560